MÖKILLE MUKAAN

SINULLE VELKUALTA

Yksin mökillä ollessa huomaa puhuvansa
itsekseen. Aloin kirjata tuntojani paperille.
Toivon, että löydät samoja tuttuja asioita
omalla mökilläsi.
Runojeni rakenteet rispaavat,
työkaverini sanoi taiteessa tarvittavan
rujoutta.
MUKAVAA MÖKKEILYÄ!
Taisto Tamminen

Taisto Tamminen

MÖKILLE MUKAAN

© 2017 Taisto Tamminen

Kansi: Taisto Tamminen

Kustantaja: BoD™ – Books on Demand, Helsinki, Suomi

Valmistaja: Books on Demand GmbH, Norderstedt, Saksa

ISBN: 978-952-339-062-1

SUHTEITA

Jokaisen miehen toive

on terävä kirves

ja oksaton pölli.

Koivun tuohi on valkea

samettinen sen pinta

ja kokokin aivan sopiva.

Lämmin takka ja

hikinen sauna

eivät tunteilua salli.

Vaikka pölliä rakastan

sitä kirveellä päähän humautan.

Vaimolle en tee niin.

PUUPINO

Hän rakastaa muita
tonttimme pystyjä puita.
Hän harjaa hellästi jäkälät
saarnista, kauniista männystä.
Hän ei valitse rakkaintaan.

Minä rakastan polttopuita.
Haluan pinoja kaikkialle.
Asetan kauniisti klapit
monia rakkaita pinoja
pitkin pihaa vain minulle

Kuten lehmä hamuaa ruohoa
aidan takaa langan välistä
kadehdin toisten pyöreitä pinoja.
Miksi en itse osaa
rakkaitani niin asettaa

RIIPPUMATTO

Maan ja taivaan välissä
on upeaa roikkua.
Tiukkojen narujen sylissä
tuulessa saa kiikkua.

Kaikki paha kaikki huoli
kalliolle jäädä saa.
Taivaan parempi puoli
ajatuksia kirkastaa.

Olisinko tehnyt toisin
monet virheet elämän.
Ehkä vielä muuttaa voisin
paheitteni määrän.

Vaan, jos kaikki pyyhitään
alkaa täytyy alusta.
Jäljelle ei jää mitään
rikkaista vuosista.

Kuin jykevä kallio keinun alla
kun jalkani siihen tapaa.
Samanlainen tahdon olla
itsepäinen ja vapaa.

KEVÄT

Valtavan paksu jääpeite

on kahdessa viikossa poissa.

Auringonsäteet ja askeleet

vie veneeltä pressun kuorimaan.

Kesä kohta koittaa.

Mies ajaa vanhaa traktoria

se on punainen Ferguson.

Kapeata metsätietä ajaen

itselle aikaa on.

Veneensä saa vielä odottaa.

Hän laulaa komeasti suvivirttä

kuulijastansa tietämättä.

Hämmentyneenä tunnustaa

että ajaessaan aina laulattaa.

Hän toi kesää tullessaan.

HAAHKAÄITI

Haahkaemo pitää huolta.

Kokotus kuuluu kaikkialta.

Usein emoja on monta

poikasia pari avutonta.

Vaikka emolla ei ole omaa

haluaisi tehdä samaa.

Antaa suojaa poikasille

turvata elämää lajille.

Emo saattaa olla myös julma.

Sille ei ole mikään pulma

jos poikanen ei aalloissa mukana pysy.

rääpäle jäädä saa on liian kesy.

KEVÄT 2006

Muutimme asuinpaikkaa
vaikka
ei olisi tarvinnut.
Onnemme on nyt kodissa
joka on Lemussa

Kroopin lokki myös huomasi
halusi
kaksi metriä ylemmäksi
siihen teki pesänsä
odottaa kesäänsä

Kuhat myös ovat poissa
voissa
paistaa voi vain perunaa
Parempia eväitä etsimään
joutuivat menemään

Minä en muuta takaisin
olisin
määrätön kulkija
Luonto kyllä voisi toistaa
entiset tavat palauttaa

RAUHATON

Meri rauhoittaa saarelaisen

paikallaan pysymään.

Kova myrsky ja kelirikko

menemistä vähentää.

Saareen saapuva haluaa

sieluansa rauhoittaa

tuulensuojaan istahtaa

ja ihailla luontoa.

Vaan yksi täällä on rauhaton

minneköhän sillä matka on.

Vuodesta toiseen asentoaan

laituri korjaa jaloillaan.

VIERAILU

Stressi tulee kylään
pieneen mökkiin ahtautuu.
Rätti ja riepu rentoina
jo kuivumassa odottaa
suuren vieraan tupaan astua.

Kumpiko venettä vajottaa
työn taakka vai tuomiset.
Salama saattaa iskeä
vaikka taivas on pilvetön.
Rantautuessa laukeaa

Kinkkumunakas ja sauna
päälle kuppi kahvia.
Aallonharja pyöristyy
västäräkkikin hymyilee.

Stressi ei Velkualla viihdy.

MYRSKY

Seison tunnin kalliolla
selkä vajan seinässä.
Turvaan selustani
raivoavalta myrskyltä.

Tahtoisin köyttää puut
toisiansa tukemaan.
Oksat taittuvat
kestäkää rungot.

Vesi näyttää kiehuvalta
vähentäkää tuulta.
Kiinni laiturissa
vene valittaa.

Risut ja neulasmatto
merkiksi jää myrskystä.
Onneksi ei tänne iske
ilkeä tsunami.

TELKKÄ VIERASTAA

Telkkä vierastaa
koska koti on uusi.
Täyttäisi tekijän toiveen
edes katsomassa kävisi.

Paikka on upea
laatikko kaunista puuta.
Katto suojaa korkealla
lentoaukkokin sopiva.

Kaikki on valmista
vaikka lintu vaivanen ois.
Sisälle sahasin tikkaat
helpommin pääsisi pois.

Odottaminen lannistaa.
Haluaisin nähdä
miten lähtee
kuin telkkä pöntöstä

AARRE

Täällä tiedän sen olevan
kiven takana
sammaleen sisässä
syvällä metsässä.

Kautta vuosien on aarteen etsintä
toivoa antanut
mieliä kiehtonut,
liikkeelle laittanut.

Tuulen muovaama ikihonka
näyttää pelottavalta.
Liekö suojansa takana
aarre aukeava.

Äkkiä kova risahdus
sinut pysäyttää.
Taidat kohta olla
hirven alueella.

Hirvikärpänen tulee salaa
kaulassa alkaa kutittaa.
Seitti osuu otsaan
itikka puree niskaan.

Aarteen haussa on aina vaiva
joskus joku jo sen poiminut.
Jos onni sua hellii
löytyy toinen kantarelli.

MERI ON KALATON

Miksi kalastajan kasvo

ei tänään hymyä.

Matala vesi, vai liikkuva levä

on syynä katoon.

Verkko on pauloitettu tyhjyyteen.

Toissakeväiset saaliit

kangastuksina koskettavat.

Pitäisi kai katsoa peiliin,

kun kalaa ei saa.

Vai liekö herra Hylje

kuitenkin se syy.

Hernerokaksi ruoka vääntyy.

KOTILOKKI

Rannalla istuu kalalokki,

terassilla kalaton kokki.

Parempia aikoja odottaa

kummankin nyt kannattaa.

Lähelle teki lokki pesänsä,

täällä viettää kesänsä.

Joka päivä tulee katsomaan

onko kalamies saanut saalistaan.

Kesällä ei kalaa saa

paitsi piikkistä haukea.

Siihen meidän on tyytyminen.

Lokin ja kokin murhe yhteinen.

MAAMERKKI

Ainakin sata vuotta vanha

upea vihreä pilarikataja

tuen varassa taistelee

pohjoistuulta vastaan

Juurellaan hentoinen pieni taimi

sukupolvea jatkaa haluaa

kukahan sen mökin kalliolla

viimeksi nähdä taitaa

IKIHONKA

Tulevan terassin alta

kaadettiin puu

komea vanha mänty.

Juurensa pelkällä kalliolla

kovatkin myrskyt kuitenkin seissyt.

Kuusta, mäntyä, koivua

on ainakin kolmesataa.

Tähän ylvääseen

ei olisi saanut koskea.

Vaimoon sattui

kuin omaa jalkaa

olisi sahattu.

Meitä oli kaksi mahtavaa

sahaaja ja mänty.

Molemmilla sydän

toisella vain tunto.

RIIPPUVA RAKKAUS

Tukka ojennukseen tuulen jälkeen.
Housut roikkuu oikealta.
Paita on liian vanha.
Lakki päähän pakkasella.

Älä aja noin reunassa, näethän tuon traktorin.
Hirviä on kaikkialla.
Ohita vain suoralla.
Järki päähän autossa.

Onko kaikki hyvin, muistitko soittaa Antille?
Eihän siellä tuule liikaa?
Varo liukkaita kallioita.
Kypärä päähän pyörällä.

Moottorisaha on arvaamaton, kirveellä lyöt vain
kaksin käsin.
Ole sähkön kanssa huolellinen.
Varo kaikkia vaaroja.
Suojalasit päähän töissä.

Minussa roikkuu rakkaus, pitää minusta huolta.
Liian kera tottakai,
mutta kiva, että rakkautta on.
Rapsuttaa päähän tavatessa.

KAIPUU

Kun nuorena tulin hylätyksi,

luulin onneni kadonneen iäiseksi.

Yksin olin onneton,

elämän purressa ponneton.

Ken tänne jää, hän tuntee ikävää.

Ei tule enää samaa päivää,

kun kaikki oli auvoista onnea

sitä suurta rakkautta.

Huoli toisesta on alituinen

miten Sinua auttaa voinen.

Tunteesi näyttää olevan

ihan samanmoinen.

PATTINKI

Kunpa saisin
ison kasan rahaa.
Ostaisin paljon
puutavaraa.

Lautaa, rimaa pattinkia
vaikka kakkoslaatua,
kunhan vaan
sahalla poikki saan.

Sorvi ja sirkkeli
puuttuu vielä tästä.
ehkä silloin kädenjälki
lakkaisi näkymästä.

Kivaa olisi nikkaroida,
opettelisin keinot.
Kyllä täytyy saada
saareen suorat laudat.

Loput pätkät yhteen kasaan
kukkapurkiksi muuttuu.
Siinä istuessaan
punaruusu hehkuu.

PIIKKI LIHASSA

Musta kynsi
verinen lauta
katkennut sahanterä
ja piikki kynnen alla
kaikki se sattuu.

Silmään roska
sääreen haava
kirveen isku kiveen
ja pikkurilli sirkkeliin,
kaikki se sattuu.

Varastossa on hanskat
turvasaappaat ja suojalasit
suun eteen suodatin.
Vaikka niitä käyttäisin
vaara vaanii siltikin.

Uudet hienot koneet
sähkölaitteet ja sumutteet
tottumista vaativat.
Kaikkein kauhein laite
on oikein tylsä puukko.

KESÄ

Saisinpa leppeän kesäsateen

pukisin ylle pelkät shortsit.

Lenkille lähtisin

Luonnosta nauttisin

PARASTA AIKAA

Kaiken väriset niittykukat

harmaan soratien varrella.

Nyt on kauneinta kesää.

Korkealla leijuvat poutapilvet

sinisen taivaan katolla

samaa tunnetta lisää

Lennä korea perhonen

kukasta kukkaan taaskin

vietä kesää sinäkin

KESÄN MERKKI

Kesä on alussa vasta

sen huomaa koivusta.

Juhannus on ajankohta

useana vuotena.

Heikki osaa sen hienon taidon

kuin kukkakimpun laiton.

Kesän aluksi tekee vastan

läiske kuuluu saunasta

SAARISTON RENGASTIE

Sopivan mutkainen, mäkinen tie

Lemun kautta Velkualle vie.

Aivan ilmetty rallipätkä

johan innostuu joka jätkä.

Valkea maalattu keskiviiva

antaisi ajajan päättää.

Kumpaa puolta haluaa ajaa

samaa kuin muut vai ihan omaa.

Päällyste on, mutta viiva puuttuu.

silloin ajotapa tietysti muuttuu.

Koko tie on sinun kaistaa.

Vastaantulija saa väistönsä taitaa.

VELKUA

Sydämeni on Velkualla
jalka tukevasti kalliolla.
Käsi tapaa virvelin kelaa
ajatukset kaikkialla.

Mitä pyydän, mitä etsin.
Kalastan, saalista en halua.
Auringon siltaa mennä saa
mietteet maailmaan.

Pumpulina pinnan yllä
usva merta hyväilee.
Punarinta västäräkki
kaikki näkyä ihailee.

Yksinäinen merenranta
ajatukset avartaa.
Ohi ajava pikavene
leikkaa katseen toppuuttaa.

Maalla kuljen merellä soudan
kaikkialla luonto puhuu.
Antaa minulle rauhan
sydämeni on Velkualla.

VELKUALAINEN

Velkualainen on samanlainen
kuin pohjoisessa asuva lappalainen.
Viisas juoheva rauhallinen
kotiseudustaan ylpeä suomalainen.

Yksi jos onkin eri mieltä
tulee asiat puitua täältä ja sieltä.
Eteenpäin kuitenkin mennään
eilen oli hyvä parempi tänään.

Pienen paikan tärkein tinki
on saumaton hyvä yhteishenki.
Vieläkin voi sitä kehittää
asukkaita toisiinsa yhdistää.

On avaraa merta, kaunista saarta
asuttuja niistä on monta.
Mökkikansaakin kerääntyy
koska Velkualla kaikki viihtyy

KYLÄTIE

Kaupunkilaista keljuttaa
asfaltti tossun alla
melua korvan täydeltä
pakokaasut suoraan nenään.
Niin lenkkinsä aloittaa tänään.

Kaupunkilainen haluaa
ulkona olla kuntoilla.
Vaan kun tänne pääsee
hiekkaiselle saaren tielle
saa uuden lennon askeleelle.

Saarelainen juosta voi
merenrantaa niittyaukeaa.
Matkalla kauniita taloja
puiset sillat kukkivat tarhat.
Vauhtia tutut vilkuttavat.

Saarelaista huolettaa
asutus ja tuleva aika.
Maaltamuutto kun lopahtaa
saa kaunista saarta pitkin
kulkea useat toisetkin.

NÄYTELMÄ

Lokki hermostui.

Viisi joutsenta ui lähelle kotia.

Poikaset oli pesässä

isäntä syömässä

emo yksin kirkuen taisteluun.

Joutsen korisi

lokki huusi perheensä perään.

Tuuli ulisi

meri myrskysi

luonnon draamaa parhaimmillaan.

Pesä säilyi.

Joutsenet vain lähellä kelluivat.

Turhaan emälokki

äänensä sai käheäksi

vieraat pois uivat.

KESÄAIKA

Mitään ei saa toimeksi.

Ei ole aikaa kylliksi.

Mihin se päivä kuluu?

Täällä se äkkiä loppuu.

Aurinko nousee aurinko laskee.

Kesällä jakso pitenee.

Valoa on mutta yö tulee.

Niin se päivä hupenee.

Kello käy kummaa aikaa.

Joka tunnin puolittaa.

Suunnitelmat jää puolitiehen

keskeneräiset ainakin.

Velkuaan täytyy saada

ikioma kellonaika

jotta päivästä kaiken nauttii.

Olisi kesä ihanampi.

KALLIOSTA MULTAA

Lehti sieltä ruoho täältä

korsi kerrallaan keko kasvaa.

Sitten ihme tapahtuu

komposti sampoaa multaa.

Pelkkää kalliota piha on

mutta onhan siinä kuoppia.

Paikka ei ole mahdoton

sen täytän mullalla.

Sinne tänne laatikoita

asetellaan pitkin rantaa.

Kukkia on jo liian monta

kompostin pohja jo loistaa.

Toinen ihme silloin sattuu.

Naapuri hädän huomaa.

Multakuorma mäelle kaatuu

traktorillaan itse tuomaa.

TYÖNILOA

Rakennan kahta huonetta
ihan oikeata taloa
seinät katto lattiat
ovi ja kauniit ikkunat.

Saha kirves ja vasara
sekä uusi vesivaaka.
Halvat hanskat käteen
ja sitten vaan toimeen.

Perusta on kalliolla
viisas ei hiekalle rakenna.
Ilo on valtava
kun lauta on sopiva.

Osaamisen onnen tunne
ei arkityössä vähene.
Aina kun aikaan saa
pitäisi se tiedostaa.

Työnilo ei ole poissa
se on vaan hieman hukassa.
Kiireinen tahti puristaa
monen mielen ahdistaa.
Johtaja saa prempaa tuloa
alainenko enemmän iloa.
Työn mittako määrää sen
antaako suurempi talo
isomman onnen.

LÖYLYÄ

Kiukaan pyöreät kivet

ovat kokeneet helvetin

tuhannen asteen pätsissä

tulisessa posliini-uunissa.

Vaan vielä hönkivät

pehmeätä, leppeätä löylyä.

LÖYLYNVAHTI

Kiukaan kivinen kuppi

on nimeltään löylynhenki.

Hullu nimi jurppi

nyt se on minun renki.

Lyijykynän verran

kun poreet hyppää pinnalta.

Silloin taas kerran

löylyt maistuu parhaalta.

ANTTI MERELLÄ

Kaunis meri pieni vene
punainen uistin terävät koukut.
Siinä se on
kiloinen hauki.

Reilu pallo käsiä neljä
yritys kova mieli hyvä.
Kantti kestää
monet kerrat.

Arvaa kuka arvaa mikä
onko puuta onko eläin.
Saunan lauteilta
vastaus löytyy.

Pieni mies pieni mökki
isot ideat mainiot vitsit.
Suurin hauska
törmää sattumalta.

Tuuli tyyntyy aallot laskee
kiireinen päivä raukeinen olo.
Nyt oikea paikka
on uusi merimaja

MUUTTO

Entinen pitäisi unohtaa

oma koti jättää.

Totutut tavat muuttaa.

Ikkunan takaa pitää

maisema vaihtaa

naapuritkin uudistaa.

Huolella kootut tavarat

jaettava kahteen kasaan

vain toinen mukaan ottaa.

Kirjat ovat muutossa hankalat.

Runot mukana kulkevat

kevyempinä kantaa.

Sanoja niissä on vähän

siksi tämäkin loppuu tähän.

RAKKAAT

Odotan mökille vieraita

etenkin kahta lasta.

Jututan myöhemmin vanhemmat

kun jo aarteet nukkuvat.

MINUN RAKKAANI

Rakkaani on kaunis
kuin puna-apila
tai sinikello.
Seisoo kuin vihreä kataja
tanssii kuin keltainen perhonen.

Rakkaani on siro
kuin metsän peura
tai taivaan tiira.
Koreita vaatteita kantaa
kauneimmalla tavalla.

Rakkaani on omapäinen
kuin koukussa hauki
tai älykäs kone.
Jännittäväksi elämän tekee
kun näkemyksensä kokee.

Rakkaani on rikas
kuin iltarusko
tai kukkaketo.
Lahjoja hän toiselle antaa
silloin kun vähiten odottaa.

Rakkaani on ystävä
kuin aseveli
tai lapsen äiti.
Ystävyyden kun kanssaan jakaa
pitkän avion takuulla tapaa.

KOLME MAMMAA

Pieni siro lempeä
kätensä niin pehmeä.
Aina piti puoltani
sellainen oli mammani.

Kun sylillisen puita kannoin
varma silloin olla voin
palkaksi tulee kehuja
piparia ja mehua.

Sitten sain toisen mamman
ehkä vielä paremman.
Älykäs ja hyvä nainen
kaikesta myöskin huolehtivainen.

Viisi lasta paljon huolta
ei näy nekään kasvoilta.
Seuraa alati aikaansa
päässään paljon tietoa.

Kolmas mamma on oma vaimo.
Toiveeni on aika aimo.
Jatkaisipa samaa linjaa
sukujensa viitoittamaa.

SIRKEÄ SIRKKA

Muistini kantaa kauas

Velkuan kirkossa soitto soi

ujon oloinen kanttori

on kuin oma äitini

Ihminen täynnä hyvää iloa

Onneksi tapasin uudestaan

ihan ystäväksi sain

Kaupan päälle kaverinsa

Heikinkin omistan kai

ONGELLA

Mikä heiluttaa kohoa

niin pienesti niin taiten.

Se ei ole ahven

joka vie pohjaan.

Särki nypyttää tylsästi

kuin empien ottaako ollenkaan.

Vaan kolmekin matoa koukusta

tämä kelmi usein nakertaa.

Sitten äkisti koho katoaa.

Jos siima kestää ja koukku pitää

saa Antti nähdä kalan

sen ison ovelan lahnan.

JOKAMIEHEN OIKEUS

Kuka kumma uskaltaa

mökin takaa

mustikat varastaa.

Röyhkeä on se poimija.

Ikkunan alta

täyttää koreja.

Kovin on vielä tarkkana.

Pensaat seisoo

melkein puhtaina.

Kiinni jää itse teossa

kuusi sorsaa

marjoja nokkimassa.

VENLA JA VEIKKO

Oletan kupuvatsaa Venlaksi

Veikko vipeltää kalliolla

touhukkaana sinne tänne.

Pysähtyy kuuntelemaan

matkii isännän vihellystä

Rakkaimmat lemmikit

västäräkit Venla ja Veikko

eivät huolineet puupinon lavaa

vaan pesivät vieläkin salaa.

Palaavat onneksi vuosittain

Kerran traagisesti poikasensa

täällä kesällä menetti

Vaivaisena eli aikansa

Emme osanneet parantaa

linnulle apua antaa

PÖLHÖ-KUSTAA

Velkuan rumin lintu
on kallionharmaa lokki.
Nimensä sai ansioistaan
Mikä muu kuin Pölhö-Kustaa.

Syö mansikat ja mustikat
on jäädä anturan alle.
Kavereidensa karttama
ja emonsa kokonaan hylkäämä.

Minusta päätti äitinsä tehdä
seurasi kaikkialle.
Paljon pidän linnuista
mutta en lokin pojasta.

Lieneekö ollut vaivanen
poissa on Pölhö-Kustaa.
Varmaankin haukka tai isompi
raukan vei Tuonelaan

Kalanperkuun jätteille
sata lokkia tulee.
Kirkuna on kamalaa.
Kukaan ei Kustaata kaipaa.

TALAS

Veneen suoja on talas
ristikoiden tuttu sana.
Rannassa istuu punaisena,
jäiden murjomana taas.

Pääskyt myös pitävät siitä.
Pesiä on siellä monta.
Venettä saa pestä aina
kun puhuttelu ei linnuille riitä.

Jos vesi on liian alhaalla
ei venettä vajaan voi ajaa.
Paljon sekään ei haittaa
kun talas on kaunis katsella.

Rakentaa et sitä saisi
vaikka saaristoon se kuuluu.
Miten siitä meri muuttuu
jos talas sitä kuormittaisi.

KAKSI KIELTÄ

Kun olet yksin

olet oikeassa

usein

et kitenkaan aina.

Yksin ei voi kinata

toisen kanssa torata.

Erheet

korjataan huomaamatta.

Teitkö taiten

laskitko oikein

vieras

kysyy melkein aina.

Tarvitaanko siihen kaksi

että kina muuttuu toiseksi.

Pulma ei yhtään paremmaksi.

TUOMIO

Mitä ihmiset ajattelevat
minusta.
Katson peiliin
kuuntelen sisäistä
muistiota.

Olenko tutuille turvallinen
ystäville
ylpeyden aihe
omalle suvulle siedettävä.

Elinkö aina oikein
töissä
kaveria auttaen
olinko ahkera ja
joustava.

Vastauksen äkkiä saan
peilistä
Rankka on tämä tuomio
muistele vaan vaikka
eilistä

VIERAS TULEE

Kun hän tulee

kaikki muuttuu.

Aivan kuin saari

hiukan keinahtaisi.

Hän ei kuulu joukkoon.

Hän löytää salat

rikkoo rauhan.

Kaipaa huolenpitoa

joskus jopa neuvoja.

Osaako oikein ollakaan.

Pieni piiri tiukka aita

ajatuksia kaventaa.

Vieraan tulo

näkemyksiä laventaa.

Minä häntä tarvitsen.

RUJO IDYLLI

Pihakeinun paikka

on korkealla kalliolla.

Sieltä merimaisemaa

on kiva ihastella.

Vaan kuka ajaisi pois

viisi venekuntaa

laiturini vierestä

kalaonneaan kiroilemasta.

0,5:N VÄYLÄ

Meri on vapaa

kaikille avoin

souda tai huopaa.

Bensaa voit kuluttaa

kaikin tavoin.

Veneitä kulkee

pientä ja suurta

Purjeita nostaa

tai turbot jyllää.

Reittejä on monta.

Ajokortti veneillekin

pitäisi heti vaatia.

Alas promilletkin!

Veneen keulat oikenevat

suoraan kohti maalia

MENU

Rakkaudesta hyvään ruokaan
haluan siitä puhua.
Syvästi mä silloin huokaan
jos pöydästä alkaa kuulua
"Mökillä maistuu kaikki".

Ahvenherkku, graavit siiat
pihvit ja valkosipuliperunat.
Kuhakeittoon pyrettä ja rapuja
sekaan savusimpukoita
keitto on niin oiva.

Kun itsepoimitut kantarellit
kermassa saa uida
voi sillä aikaa savustaa
pari herkullista kampelaa.

Haukikin on hyvä kala
kun sen oikein laittaa.
Sielulla ja voilla
siihen makua saattaa.

Kunhan toimit huolella
ei mitään tarvitse puuttua
Perusruokakin saarella
kulinaariksi voi muuttuua.

AHVEN

Kylmän veden koleutta

kevään säteet lämmittää.

Hyvä enne tulevasta.

Syksyn usva-aurinko

on punaisempi, pehmeämpi.

Valo taittuu kauniisti.

Veden alla uiva ahven

tietää tasan tarkkaan.

Keväällä on parempi

kutu on saa silakkaa.

Vaan valo lienee erilainen

jigeistä ei mikään kelpaa.

Syysaamuna

ahven haluaa kaikki ne

KALAONNI

Silakkaverkko

noin kolmesataatuhatta reikää

jokaisessa on silakka.

Sehän painaa

viisitoista tonnia.

Vesihän kannattaa ja

savustuskin painoa alentaa.

Silti tarvitsen

trukin ja nosturin.

Onneksi tuli vain

yksi silakka.

UUSI KALASTUSLAKI

Kun näet hylkeen

aja sen kylkeen.

Ruiskauta puukkoon sylkee

ala sitä otusta nylkee.

TERVETULOA KALAKILPAAN

Kolme kovaa kaveria
saapuu saareen vauhdilla.
Idea on irrotella
kaloja koukuista.

Aamu alkaa valjeta jo.
Syksyn usva-aurinko
lämmittää mukavasti
Valo taittuu kauniisti.

Neljäskin vapa taipuu
siima senkin vinkuu.
Korvalehtiä kuumottaa,
kun koukkuparvet vipottaa.

Kylmän veden koleutta
aamun tyyntä kauneutta,
uudet säteet lämmittää.
Veneen ohi joutsen lentää.

Ei ole aikaa miettiä säitä.
Alkaa kuulua ärräpäitä.
koukut ovat kiinni pohjassa
toisilla vavat tanassa.

Tyynessä meren pinnassa
näkyy kolme rengasta.
Taimenko siellä hypähti
vai hylje happea haukkasi.

Siimat ovat solmussa

jigit takin helmassa.

Kilpailu on raakaa

kaveria ei voi auttaa.

Toverihenki ja ystävyys

luja usko ja kestävyys.

Puhe nousee, herjat lentää

rajansa kyllä kaikki tietää.

Kalakilvan voittajaa

vaikea on ennustaa.

Kovia ovat ihan kaikki

vaan yksi on selvä suosikki.

KOVA VATSA

Mehevä ruoka muheva olo.

Onni asustaa ahtaastikin.

Paremmin sen kiinni saa

pienessä mökissä kuin kartanossa.

Vaan kaikki ei ole kohdallaan.

Yhtä onni ei suosi.

Eko-vessa on pullollaan

tyhjentääkö vai ostaa uusi.

On se siistiä ja hajutonta,

mutta jokin siinä mättää.

Estoja on niin monta

pitäsi koko askar jättää.

Pian kiukku jo raikaa.

"Antaa paskan olla".

Saan vielä vähän aikaa

ateriaani maiskutella.

TAKINKÄÄNTÄJÄ

Koivun keltainen lehti
varisee ja tanssii.
Tuuli heittää samanlaisen
kantajansa hylänneen.
Roskaksi muuttuu matkalla
tekee reikiä nurmikkoon.

Vieressä on vihreä koivu.
Miksi tämä jo luovutti?
Katot ja rännit täyttää
harjaa ja haravaa pyytää.
Metsässä keltainen matto
kantarellin piilottaa.

Vielä on vasta heinäkuu
joko kesä nyt loppuu.
Uusi jakso elämässä
on aina hiukan hämmentävä.
Syksykö muuttaa kaiken
kumoaa opitun entisen.

Koivun keltainen lehti
kertaa menyttä aikaa.
Suunnitelmia tulevaan
pitää alkaa tehdä.
Kaunishan syksykin on
se vaan täytyy nähdä.

VIHA

Ikivanha kataja
seisoo tuen varassa.
Silti se usein on
aivan poikittain.
Vihaan kovaa tuulta.

Putipuhdas ranta
on laiturin reunoilla
mutta äkkiä se taas
täyttyy uusilla roskilla.
Vihaan kovaa tuulta.

Verkonlasku yksin
on kyllin hankalaa.
kaikki lisävaiva
sitä vaikeuttaa.
Vihaan kovaa tuulta.

Linnun pönttö puussa
oli poikasten kotina.
Äkkiä se putosi
en katsomaan uskalla.
Vihaan kovaa tuulta.

AURINKOMATKA

Sininen auer

kuin savua merellä

tyynen veden päällä.

Tulipunainen aurinko

vain puuttuu täältä.

Kaukokaipuu on ja elää.

Kesällä en voi lähteä.

Talvella en koe näkymää.

Pitää kai odottaa vaan

MÖKKILOMA

Jään lumen talviunen
mökki on kantanut.
saan jälleen uuden suven
kunhan routa on sulanut.

Kesäkuntoon pitää saada
kalusteet ja pihat.
Polttopuiksi kelot kaada
korjaa laiturin viat.

Kuori vene pressun alta.
Maalaa pohja vahaa laidat.
Rakenna ja kaunista
niin paljon kuin taidat.

Kesän jälkeen syyshuolto
talveksi kaikki suojaan.
Alkaa jälleen sama soitto
töitä enemmän kuin huomaan.

Kaksi päivää elokuussa
vietän kesälomaa.
Makoilen riippukeinussa
luen pari kirjaa.

PERIMÄTIETO

"Tuuli tempaa vettä mukaansa".

Niin kertoi paikallinen

tuo talven tullessansa

Antaa ajan kulua

aallon toistaan seurata

pohjoispuhurin syksyisin

hakata rannan kiviin

Ensi vuonna minäkin

tarkkaan tiukasti merta

lasken päiviä viikkoja

tempaako tuuli vettä

MALJA TÄYTTYY

Haluan juoda kirkasta vettä.

Tahdon mereni ilman limaa.

Vielä toivon että

ois sadevesikin puhtaanpaa.

Missä peset mattosi

kuinka paljon lannoitat?

Mihin päästät pissasi

miten puhtautta arvostat?

KATAJA

Vähämaan komein kataja

ja minä

juuriamme suojelemme.

Katajalla yli sata vuotta

puolet minulla suojelijalla

Tuen rakennan vanhukselle

katajakin minulle

että yhdessä eläisimme

terveinä kumpikin

ENNEN VANHUUTTA

Vanheneminen ei ole vaikeaa.
Se tapahtuu itsestään.
Illalla kolottaa yöllä pissattaa,
usein huonosti nukuttaa.

Nuorena finnit ja rakkaushuolet
yhtä vaikeina kaiversi.
Koululäksyt ja uudet vaatteet
nekin joskus valvotti.

Surunsa ja murheensa
on aina matkalla mukana.
Enemmän on aikaa vanhana
niitä ajatella.

Vaan iloa on joka aamu
uuteen päivään herätä.
Keho toimii järki pelaa.
Muistaa enemmän kuin nimensä.

Hauskinta on huomata
että tuttukaan ei tajua
koska se vanhuus alkaa.
Kukin tietää mihin se loppuu.

Ihminen ei ole vanha
jos ei itse halua.
Näyttää voi miltä vaan
vaikka ihan harmaalta.

LÄHENEE

Anna anteeksi työtoveri

olen unohtanut nimesi.

Voi voi siskoni

synttärisi jo eilen ennätti

Maito jäi kauppaan hattu narikkaan

kotiavain hotellin pöydälle

Kunpa voisi netistä

itsellekin muistia lisätä

sanoja löytyi onneksi

sain tämän aikaiseksi

SINÄ PÄIVÄNÄ

Älä itke rakkaani.
Älä sure poikani.
Iloisena muista mennyttä
kaikkea hyvää eilistä.

Elämä on täynnä erheitä
suuriakin virheitä.
Kaikki me teemme niitä
ikuiseen elämään se ei riitä.

Petri Antti Anu ja Silja
oma vaimoni Ritva.
Kaikkia Teitä rakastin
melkeinpä omistin.

Tuuli jaksaa puhaltaa
aaltoja rantaan hakkaa.
Kauas ylös kohina kuuluu
entisenä elämä jatkuu.

KAHDEKSANTOISTA

KAIKKI ME ENKELIT
KATSOMME KOHTI

Istun kädet polvilla
tiukasti ristissä.
Minä jumalaton

MEITÄ ON KAHDEKSANTOISTA
KAIKKI ME OLEMME LUONA

Polttava kipu vai tappava tauti
Kuoleman pelko vai kadonnut rakkaus
Miksi sormiani puristan

PUHTAITA OLEMME VALKEITA
APUAMME TUOMME

Teitä on niin monta
jakakaa tuskani
apu kaikkeen

KAIKKI ME KATSOMME KOHTI
KAIKKI ME OLEMME LÄSNÄ

Minä jumalaton
ajattelen jo ahneena uutta
auttakaa lapsenlapsiani
katsokaa kaikki kohti

TUULIKAAPPI

Kodin tärkein tila on

tuulikaappi

Maalaa se rauhoittavin värein

pane kumitiiviste ulko-oveen

Kun ulos lähdetään

tuulikaapista

pitää kiukkujansa hillitä

sanojansa miettiä

Jos pahoin puhein poistut

tuulikaapista

palaa anteeksi anellen

kauniita sanoja ladellen

Kodin tärkeintä tilaa

tuulikaappia

täytä hymyllä rakkaudella

poistuessa

tullessa.

ILTASATU (aikuisruno lapsille, tai päinvastoin)

Antti Ahven ja Taisto Taimem
mukaan lähti myös Leo Lahna.
Kisa oli nyt erilainen.
Saaren ympäri oli uitava.
Ken on maalissa ekana
koko kisan jälkeen
saa kunnian nopeana.
Uintityylit jääkööt sikseen.
Vesi pärskyi komeasti
kun Taisto kiilasi eteen.
Antti peesasi sopivasti
vanavedessä taimenen.
Ison saaren takana
oli matala paikka rannassa.
Ahven meni jo kaukana
paksu lahna oli kiinni mudassa.
Taimen tajusi kiertää kaukaa
vähäisen veden vaarat.
Siitä tulisi lisää matkaa
mutta ei hupenisi voimat.
Antti tuli aivan suoraan
oli maalissa ensimmäinen.
Taisto jätti kirin varaan
mutta oli vasta toinen.
Järkeä pitää käyttää
kovassa kilpailussa.
Ei ole miltä näyttää
elämän kuvioissa.